DE L'UNION

ET

DE LA CONCILIATION

DES PARTIS EN FRANCE

PAR

H. LAPORTE

ANCIEN AVOCAT DU BARREAU D'ALSACE

PRIX : 60 centimes

REIMS

IMPRIMERIE MATOT-BRAINE, RUE DU CADRAN-SAINT-PIERRE

1873

DE L'UNION

ET

DE LA CONCILIATION

DES PARTIS EN FRANCE

DE L'UNION

ET

DE LA CONCILIATION

DES PARTIS EN FRANCE

PAR

H. LAPORTE

ANCIEN AVOCAT DU BARREAU D'ALSACE

PRIX : 60 centimes

REIMS

IMPRIMERIE MATOT-BRAINE, RUE DU CADRAN-SAINT-PIERRE

1873

DE L'UNION

ET

DE LA CONCILIATION DES PARTIS

EN FRANCE

A MONSIEUR LÉON GAMBETTA

DÉPUTÉ DU BAS-RHIN A L'ASSEMBLÉE NATIONALE DE FRANCE
ANCIEN MEMBRE DU GOUVERNEMENT PROVISOIRE
DE LA RÉPUBLIQUE FRANÇAISE

MONSIEUR,

J'ai l'honneur d'être Alsacien et Français, et j'ai eu celui plus grand encore d'avoir été appelé à défendre en Alsace le droit de souveraineté légitime et inaliénable de la Patrie Française sur nos provinces volées, et ceux non moins sacrés et positifs, de l'autorité paternelle et de la liberté de conscience contre l'envahissement de l'ignoble despotisme du césarisme prussien et contre l'intolérance connue et aujourd'hui scandaleusement publique de ce gouvernement de fourbes insolents et de brigands sans honneur.

A ces deux titres, je me crois autorisé à dire quelque chose de ce que je crois indispensable à la reconstitution des forces politiques de notre belle France et de son action généreuse dans et sur le monde à la tête de la vraie civilisation, et à supplier de nouveau mes concitoyens de ne pas oublier un instant, que le premier danger actuel qui menace à la fois l'indépendance et l'existence de la Patrie, nous vient de ces voleurs de peuples envieux, avides, orgueilleux au-delà de toute expression, sans l'ombre d'une conscience ou d'un sentiment de Droit ou de Justice, qui n'attendent et ne cherchent que l'occasion favorable de nous envahir le plus prochainement que possible dans les meilleures conditions de probabilité de succès pour eux, pour nous piller et ruiner une seconde fois, nous démembrer et essayer de nous détruire à jamais.

Nous en sommes arrivés à une époque critique de notre histoire et de notre existence comme nation, et c'est du parti que l'on va prendre pour la conduite de la politique intérieure en France que dépendront certainement, pour une nouvelle période plus ou moins longue, peut-être pour toujours, le succès ou l'insuccès de nos efforts pour notre régénération, notre défense, la reconquête de nos limites naturelles et de notre prépondérance en Europe, le salut et l'avenir de la Patrie.

C'est donc de l'appréciation juste de notre situation intérieure et de celle des moyens à employer pour la rendre aussi bonne et forte que possible que doit dépendre la décision des hommes politiques mêlés aux affaires du pays et qui peuvent en prendre la direction ou y influer puissamment, et c'est à ceux qui, comme vous, Monsieur, sont placés de manière à agir en quelque part sur la portée à donner à la législation et sur les courants de l'opinion publique qu'il appartient de s'en rendre compte tout d'abord, pour ne rien négliger dans leurs démarches du bien qu'ils peuvent faire à l'intérêt de tous.

Or, sous ce rapport, il me semble :

1º Que tout d'abord le sens vrai de la révolution parlementaire et gouvernementale du 24 mai échappe à bien des esprit clairvoyants et est dévoyé auprès de beaucoup de sa véritable signification et portée ;

2º Que les appréciations de vos amis politiques et de ceux de Monsieur Thiers méconnaissent par trop et la portée humanitaire et générale de cette révolution légitime des tendances gouvernementales, et sa concordance avec le rôle que la France est appelée à jouer dans le monde à la tête de la civilisation et du protectorat des croyances religieuses indispensables à l'homme comme à toute société politique, ne s'inspirent pas assez de l'histoire générale du monde, des rapports et de l'action réciproque nécessaire des nations les unes sur les autres pour ou contre les courants divers de l'action des principes spirituels supérieurs du bien et du mal, du vrai et du faux, du juste et de l'injuste, de la foi religieuse et de sa négation dans le monde politique comme dans tous les ordres de sciences, d'actions ou de faits, et en arrivent ainsi, partant d'un point de vue étroit de convictions personnelles non suffisamment éclairées et appuyées sur des bases certaines, à agir directement contre l'intérêt nécessaire du pays, à ne voir qu'un côté limité de la vérité universelle et complexe dont leurs principes ne sont que l'un des termes dans l'ordre de la justice purement humaine, et à compromettre ainsi l'intérêt général, qui est le but de la réunion en société de notre nation et de toute nation, pour n'avoir pas su sacrifier quelque chose de leurs idées propres et faire à temps et à propos les concessions et les transactions que nécessite la situation et qu'il est, à mon avis, indispensable que l'on fasse à la bonne solution de celle-ci ;

3° Qu'enfin l'analyse des courants divers d'opinion entre lesquels se débat la presse française depuis le 24 mai révèle ce très-triste mais malheureusement incontestable résultat de son action, consistant de sa part et de celle de nos principaux hommes d'Etat à indiquer, maintenir et surexciter un antagonisme de vues et de partis, des oppositions déplorables d'idées et d'intérêts personnels, une rivalité de principes qui paraissent n'être pas même sérieusement en jeu sous leur désignation et leurs noms actuels de République ou démocratie, de Monarchie ou réaction, — alors qu'il faudrait avant tout en France la bonne entente, la concorde, l'harmonie, la paix intérieure entre tous et tous les Français, leur accord autour du gouvernement, l'unité — l'unité

de vues et d'action, indispensable à notre régénération et
à notre salut, l'union qui seule la fait, la force indivisible
qu'elle seule produit et peut produire ; — alors que tous
les jours les publications de la presse politique entre-
tiennent et alimentent la prévision de luttes prochaines
terribles, parlementaires ou autres, qui iront peut-être
jusqu'à descendre dans la rue, à la grande joie de ces
ennemis extérieurs dont nos divisions font le seul espoir et
presque toute la force ; — alors que les antagonismes
extérieurs des partis paraissent en ce moment ne résulter
en définitive, entre les gens honnêtes et de bonne foi qui se
trouvent dans tous, que de défiances et suspicions, d'ignorance réciproque des vues, des tendances, des projets et
principes et des points de départ vrais de ceux-ci, en un
mot, d'une sorte de malentendu visible, qu'un mot d'explication intime et catégorique peut dissiper et prévenir,
qu'un peu de concessions dans les actes, la discussion, le
vote des lois, quelque rapprochement de part et d'autre sur
le terrain des théories constitutionnelles et gouvernementales, un peu plus d'études approfondies et méditées de
l'histoire générale et de ses véritables sources, ainsi que
des causes et des faits principaux de notre si remarquable
histoire nationale, un peu plus de communications franches
et particulières hors des séances de l'Assemblée nationale,
plus de frottements intimes, individuels entre ses membres,
plus de laisser-aller et de confiance entre les hommes
de l'Assemblée et du pouvoir, cette généreuse cordialité
des rapports et habitudes du barreau, un peu moins de
partis et de séparations publiquement affichées jusque
sur les bancs de l'Assemblée et dans le choix de la place
qu'y occupe chaque représentant du peuple feraient certainement disparaitre promptement, conjureraient et ne tar-
deraient pas à anéantir complétement.

C'est ce mot de vérité politique sous des aspects plus
complets et d'explication entre les partis qui ne veulent
rien se communiquer ni concéder, que j'entreprends de
dire en me permettant de vous écrire, Monsieur, et c'est

à vos amis politiques et à vous que je m'adresse tout d'abord, non seulement comme au premier député du Bas-Rhin et de notre Alsace à l'Assemblée nationale de France, mais parce que c'est de votre côté surtout que me paraissent venir l'antagonisme, le défaut d'entente, les suspicions, la séparation des deux camps opposés, presqu'ennemis, en tous les cas rivaux, — la division et sa cause première ; — parce que c'est à vos vertus civiques, auxquelles je crois tout comme à vos talents, que je viens faire un appel, je l'espère, non vain, et que c'est à votre bonne foi, à votre désintéressement, à votre ardent amour de la Patrie que je demande de faire cette première démarche privée, non officielle, d'une communication et d'une explication catégorique intime avec les chargés actuels du gouvernement, destinées à rompre les hostilités des partis et à rétablir partout l'union et l'unité de direction et d'action qui doivent et peuvent faire seules le salut de la France.

I. — Et d'abord quel est le sens vrai de la dernière révolution gouvernementale ?

Que l'on ne s'y trompe pas : Elle ne signifie en aucune façon d'une manière absolue ce que l'on veut sincèrement ou malicieusement lui faire dire, monarchie ou royauté contre république ou démocratie, — ordre à défendre contre désordre à craindre, principes conservateurs contre tendances anti-conservatrices, ou encore bourgeoisie ou haute bourgeoisie contre nation ou prolétariat : — Il n'est pas possible de la limiter à ces seuls termes, et quand le nouveau Président de la République s'est servi, à la fin de son premier Message, du mot de « faction à combattre » il n'en a certes eu en vue qu'une seule, à détruire chez nous et partout et toujours, celle des jacobins, des massacreurs de septembre, du drapeau rouge et des journées de juin, de l'Internationale et de la Commune, celle en un mot de la démagogie athée, despotique et sanguinaire, qui se sert, elle aussi, des termes de République, démocratie, patrie, pour abriter sous le voile du juste et de l'intérêt social, ses hontes, ses vues sinistres et pillardes, ses appétits féroces, ses haines contre Dieu et le bien, contre l'ordre, l'autorité et la propriété : — Il est plus que temps que l'on en finisse avec les équivoques et que les partis, ou certains partis, cessent de faire à ce sujet et sur ce point les innocents en se donnant les apparences de bonnes intentions derrière lesquelles les intrigants, les bandits et les brigands, toujours à la suite et à la queue de toutes les opinions et de tous les partis, aspirent sans cesse et pourraient aboutir à se rallier pour faire leurs coups de main fourrés sur le pouvoir, le trésor public et la vie de leurs concitoyens.

Ce que signifie en première ligne et seulement le dernier changement du personnel gouvernemental, c'est, ce semble 1° Arrivée au pouvoir de la République et prépondérance dans le gouvernement de la France des principes conservateurs et sociaux du catholicisme ;

C'est 2° Combinaison de ces principes et de l'expérience de ces principes et de toute notre histoire et de nos quatre-vingts ans de révolutions avec la forme républicaine et avec les doctrines légitimes et justement vraies de la démocratie constitutionnelle sous un régime parlementaire et le suffrage universel conservé mais réglementé dans ses circonscriptions électorales :

C'est 3° Destruction des institutions despotiques du césarisme napoléonien, dont les principales, sont :

a Le fonctionnarisme indépendant du pouvoir judiciaire, prédominant et arrivant à annihiler le pouvoir municipal, celui des assemblées et de la justice, et à se mettre sans contrôle au-dessus des lois et de toute répression ;

b La dépendance constitutionnelle du pouvoir judiciaire réduit à n'être qu'une autorité secondaire émanant uniquement du choix et de la bonne volonté de l'exécutif, au lieu d'être le pouvoir national pondérateur et prédominant dans l'Etat y représentant la loi vivante elle-même et son action, dont le génie despotique et absolu du grand capitaine, le premier des Napoléons, ne pouvait s'arranger pour son gouvernement personnel, pas plus que le second Empire, son successeur tout aussi illégitime.

c L'école d'Etat ou de l'Etat, appelée uniquement, par les méthodes d'instruction et d'éducation les plus irrationnelles et les plus contraires aux développements progressifs de la nature humaine, à ne façonner que des soldats ou des philosophes en herbe dépourvus de croyances, de principes, de convictions, de science de la vie et de véritable science des êtres et des choses ; — l'école d'Etat obligatoire, sans concurrents, despotique, irréligieuse, immorale, athée, absurde dans ses programmes et ses méthodes, privée de toute éducation et instruction religieuses faites par l'enseignement, par l'exemple et les habitudes, et, partant, de la notion des principes et des origines mêmes de la science et de toute science que la science religieuse approfondie peut seule donner et donner vraie, — partant incapable de la bonne éducation de la jeunesse, par la suite bien simple de cette donnée appliquée par l'université, mais fausse, que l'Etat étant obligé de protéger également toutes les religions n'en peut avoir aucune ; — qu'ainsi il doit nécessairement mêler ensemble dans ses écoles les enfants de tous les cultes et empêcher ainsi de faire de la science de la religion et de chaque religion la base même de l'éducation et de l'enseignement scientifique dont elles sont, quoique l'on fasse, les seules sources possibles pour le vrai et le bien, — au lieu de songer à donner à chaque culte reconnu ses écoles propres, grâce au régime des écoles confessionnelles placées sous la main, l'initiative, la direction, la surveillance des départements et des communes en ce qui est de l'instruction primaire et secondaire, et de placer l'instruction supérieure, dans de grandes universités, sous l'égide de la liberté et des principes de la libre concurrence de l'enseignement. ·

d Enfin, le régime, l'influence honteuse et le règne occulte de la finance produisant le népotisme, le favoritisme, les tripotages de l'agiotage, des jeux de bourse et des marchés administratifs usuraires, et en dernier lieu la corruption à tous les degrés et dans tous les rangs dans les régions ministérielles comme dans le corps électoral et celui des députés de la nation et dans le peuple tout entier, dont l'orléanisme et les deux empires nous ont, à la suite du Directoire et des pouvoirs de la première Révolution, donné les premières, les plus scandaleuses, et, il faut l'espérer, les dernières leçons.

C'est 4° reconstitution dans la République et la démocratie d'institutions nouvelles, fortes, stables, expérimentées par l'histoire, fondées sur les principes sociaux et politiques du christianisme judaïque, et aussi immuables et durables que peuvent l'être les choses humaines en vue de Dieu, mais aptes au moins à supporter tous les régimes et au besoin toutes les formes de gouvernement, sans que celles-ci puissent jamais toucher à leurs données essentielles et aux notions fondamentales de la Démocratie et des religions reconnues.

C'est cette réforme du passé et cette préoccupation de l'avenir par des institutions plus convenables et plus appropriées à notre état intérieur et à nos besoins sociaux et politiques qu'il faut surtout recommander, essayer et faire avant tout, si l'on veut, en dehors de l'action et des luttes des partis, refaire notre France et servir utilement la Patrie.

Voici, à mon très-humble avis, comment il convient de comprendre et de réaliser cette réforme urgente et capitale.

Le sens principal en doit être : 1° l'affaiblissement, presque l'annihilation du pouvoir exécutif, décentralisé autant que possible dans son action, et recevant pour contrepoids celle presqu'indépendante dans les questions d'administration locale des Conseils généraux départementaux, des conseils cantonaux à créer, et des corps municipaux et communaux, officiers municipaux, conseils municipaux, notables, assemblées générales de la commune soustraits presque complétement à la tutelle administrative pour la gestion de la fortune personnelle de leurs communes ou sections de communes respectives, sauf en ce qui touche la disposition même des fonds de celle-ci, — réduit en un mot à ne plus être, sous la surveillance et la direction législative des assemblées nationales et d'un Sénat gardien de la constitution, mais tout en participant à l'initiative des lois et à leur sanction par le veto suspensif, qu'un gérant directement responsable à tous les degrés de la hiérarchie administrative de toute l'administration des intérêts généraux de cette société constituée en nation qui s'appelle le peuple français.

2° La translation au pouvoir judiciaire prépondérant et rendu entièrement indépendant de l'exécutif de toute l'autorité des lois et de toute la puissance publique nécessaire à leur maintien, respect et observation, en un mot la substitution de ce pouvoir au pouvoir exécutif pour la représentation, la consolidation, la conservation du principe d'ordre et d'autorité indispensable à l'existence de toute société bien organisée et qui, en inspirant toute la législation en même temps qu'il en maintient l'organisme et les rapports légaux entre les corps constitués, substitue partout l'action ferme, morale, désintéressée, générale et égalitaire de la loi et le respect d'une saine liberté aux caprices des gouvernants, aux velléités de révolte ou aux tentatives usurpatrices des factions ou des ambitions déçues, et aux maux incessants des révolutions de la corruptibilité humaine et des violences sanguinaires des coups d'Etat et des despotismes arrivés au gouvernement.

3° La remise de l'influence politique aux mains des citoyens assez intelligents et éclairés pour imprimer à l'action gouvernementale et lui conserver une direction morale et convenablement autoritaire, et assez honnêtes pour ne vouloir la faire se produire qu'en vue de l'intérêt général de celui de la patrie, en un mot la création du régime électoral des capacités tout en conservant le droit acquis du suffrage universel.

Mais pour arriver à réaliser cette évolution de la puissance effective de l'Etat vers le pouvoir judiciaire et le régime des capacités, il est nécessaire que les différentes pièces de l'organisme constitutionnel soient coordonnées et mises en rapport avec cette double idée et servent de moyens exactement convenables et propres à en assurer la mise en pratique.

A ce point de vue il paraît indispensable :

1º De faire avant tout une bonne loi électorale, précédée d'une bonne loi sur le domicile, celle-ci précédée à son tour d'une bonne loi sur l'acquisition, la conservation, la perte de la qualité de Français et de citoyen français ;

2º De faire ensuite une bonne loi constitutionnelle organique déterminant les droits, devoirs, fonctions et rapports respectifs des pouvoirs, quelle que puisse être d'ailleurs la forme actuelle ou future et le personnel du gouvernement, et fixant en outre les principes généraux de reconnaissance et garantie des droits et devoirs essentiels des citoyens ;

3º Une bonne loi d'organisation administrative rétablissant la province, tout en maintenant la division en départements, arrondissements, cantons et communes et en ajoutant au conseil général le conseil cantonal substitué à celui d'arrondissement, faisant nommer les préfets, sous-préfets et agents de l'administration centrale directe civile, sur la présentation des conseils généraux en leur assurant une inamovibilité relative, et en faisant de bons administrateurs, plutôt que des moteurs politiques, par leur maintien prolongé dans leurs fonctions et le même département ;

4º Une bonne loi d'organisation de notre armée nationale, des rapports des Eglises avec l'Etat, de nos écoles et de l'instruction, de l'assistance et de la police ;

5º Enfin de bonnes lois d'organisation des institutions de crédit et une bonne loi de finances.

I. — Pour ce qui est de la loi électorale, la solution du problème paraît se trouver dans le maintien du suffrage universel combiné avec une organisation convenable des circonscriptions électorales ayant pour base la province.

N'est-il pas vrai, par exemple, que rien n'est plus facile, plus logique et légal que de former à nouveau par provinces ou départements trois ordres de circonscriptions de 50,000 et 80,000 électeurs, qui représenteront plus exactement les éléments électoraux et l'opinion de la nation que le mélange actuel innommé et sans représentation exacte ni sens politique déterminé de toutes les classes d'électeurs inscrits par circonscription, savoir : 1º les circonscriptions rurales comprenant les électeurs des communes qui auront moins de 3,000 ou 5,000 âmes ; 2º les circonscriptions industrielles composées des électeurs des villes et communes dont la population dépassera 25,000 ou 40,000 âmes (les chiffres à fixer d'après les données statistiques des centres industriels) ; 3º enfin, les circonscriptions des communes d'entre 3,000-5,000 et 25,000-40,000 habitants qui réuniront dans le vote le reste du corps électoral et cette classe moyenne, laborieuse, honnête, sage, instruite, à aisance modeste, qui fait le fond des éléments conservateurs, intelligents, modérés et réellement libéraux de la nation et à qui doit de nos jours appartenir l'influence gouvernementale jusqu'à ce que l'éducation politique des classes ouvrières et agricoles soit plus avancée et un peu plus parfaite ?

Ceci fait, si l'on décrète législativement que jusqu'à la réalisation de ce progrès intellectuel et politiquement scientifique de ces deux classes, les deux premiers ordres de circonscriptions à 80,000 électeurs ne participeront aux élections politiques à l'Assemblée nationale et au Conseil général que par le vote à deux degrés, en nommant par exemple tous les cinq ans (suivant la durée du mandat des représentants), 500 ou 1,000 électeurs pris dans leur sein qui choisiront un député ou conseiller, tandis que le troisième ordre à 50,000 ou 60,000 électeurs en choisira un au suffrage direct ; — si l'on remet à la masse des électeurs de chaque commune et canton la nomination directe des conseillers municipaux et cantonaux, et aux conseils municipaux, celle de leurs maires et adjoints ; — si l'on crée des assemblées de notables comprenant (dans chaque province correspondante à la circonscription de la cour d'appel, de l'évêché, d'une grande université d'instruction

supérieure complète, et de la division militaire, maritime
ou d'armée territoriale), la magistrature, le barreau, les
clergés des divers cultes, les officiers ministériels, le corps
enseignant, les membres des conseils généraux, cantonaux
et municipaux, et des municipalités, enfin les corps des
fonctionnaires en titre, pour confier principalement à ces
notabilités d'honneur et de science le soin de la nomination
par voie élective d'une haute cour de justice, chargée elle-
même de la formation au concours de toute la magistrature
française dans des conditions légales déterminées d'âge,
de science, de capacité, de moralité, de degrés universi-
taires ou de pratique professionnelle du barreau, des offices
ou des fonctions de la magistrature inférieure, en même
temps qu'elle sera chargée du jugement exclusif de tous
les crimes, délits, abus et excès de pouvoir des fonctionnaires de tous ordres et de tout rang ; — si, enfin, recons-
tituant l'ordre de la noblesse sur la base de l'ordre de la
Légion d'honneur réuni aux diverses créations de la noblesse ancienne et récente, mais sans aucun privilége ter-
ritorial, censitaire, ou de préférence pour l'entrée aux
fonctions, et en en ouvrant les rangs à tous les genres de
mérite dans toutes les classes de la nation, on le fait con-
tribuer avec les assemblées des notables à compléter avec
les membres de droit pris dans les plus hauts rangs des
dignités nationales, le Sénat gardien de la constitution,
chargé d'en délibérer les modifications à soumettre à la
sanction nationale et d'en conserver le texte et l'esprit tout
en participant à la puissance législative ordinaire en cas de
conflit entre l'Assemblée nationale et le chef du pouvoir
exécutif exerçant son droit de veto suspensif, — n'est-il pas
à croire que l'on aura réuni, quant à présent, les éléments
principaux d'une bonne loi électorale, pour le temps et les
besoins actuels, sans toucher au droit primordial des citoyens et que l'on aura refait ce que Louis-Philippe n'a pas
voulu faire et ce que la République de 1848 a été trop im-
patiente et trop dominée pour essayer de l'organiser honnê-
tement.

II. — Quant à l'organisme constitutionnel, l'on vient d'en indiquer les principaux éléments :

1º La nation et le droit électoral à la base, déléguant tous les pouvoirs.

2º Un sénat gardien de la constitution, veillant à ce que les lois et décrets n'y portent aucune atteinte non plus que les coups d'Etat, ne pouvant pas la modifier lui-même, mais en préparant les lois modificatives, le cas échéant, pour les soumettre aux votes des assemblées provinciales des notables et de la noblesse — et participant à la puissance législative pour l'examen et la modification des lois dont la sanction, après le vote de l'Assemblée nationale, serait arrêtée par le veto suspensif du chef de l'exécutif, et pour en délibérer et la faire en commun avec l'Assemblée nationale dans le cas où il croirait devoir modifier à son tour celles ainsi soumises à son contrôle, si le corps législatif n'acceptait pas les changements qu'il y ferait.

3º Une Assemblée nationale chargée de faire et voter les lois sur sa propre initiative ou la présentation du pouvoir exécutif et de son conseil d'Etat, mais chargée de voter seule les budgets et de délibérer seule de la paix ou de la guerre et de la politique générale intérieure et extérieure.

4º Un pouvoir exécutif subordonné à l'Assemblée nationale assisté d'un conseil d'Etat et d'un conseil des ministres modifié dans ses attributions mais augmenté d'un ministre de la police et d'un ministre de l'assistance publique, et chargé de représenter partout la France, d'y maintenir partout l'ordre, d'y assurer l'exécution des lois, de diriger et commander les armées, de nommer aux fonctions publiques sur présentation ou concours, sauf à celles du pouvoir judiciaire, du clergé, des Eglises et de l'instruction primaire et secondaire dont la nomination, pour celles-ci, serait remise aux départements et aux communes, — en un mot d'administrer les intérêts généraux du pays.

5º Enfin, une haute cour de justice nommée à l'élection par l'Assemblée des notables et ayant pour mission de nommer au concours les magistrats tous inamovibles de

l'ordre judiciaire et de juger les instances dirigées contre fonctionnaires de tout rang à l'occasion de leurs fonctions et de leurs actes fonctionnels, s'appuyant en outre sur tous les tribunaux de France et sur les cours d'appel politiquement appelées à centraliser dans leurs ressorts respectifs tous les pouvoirs gouvernementaux en cas de coups d'Etat, de dissolution violente de l'Assemblée nationale ou de suppression du gouvernement régulier établi, à mettre hors la loi tous fauteurs d'attentats de cette nature et à organiser, d'accord avec les autres autorités supérieures de la province placées sous leurs ordres dans ce cas par la constitution, la résistance et la réaction contre toute main mise sur le pouvoir et toute violation quelconque de la constitution et des lois organiques.

III.— Quant à la réforme administrative, elle gît surtout :

1º Dans cette reconstitution des anciennes provinces autour des cours d'appel, de l'évêché, du général commandant la division militaire de l'armée nationale territoriale et des grandes universités provinciales, que l'on a indiquées ci-avant ;

2º Dans l'action et le contrôle de plus en plus grand des conseils généraux et cantonaux sur l'administration de chaque département et canton ;

3º Dans la suppression à peu près complète de la tutelle administrative des communes pour tout ce qui touche à leurs institutions particulières, à la disposition libre de leurs revenus et à la confection de leurs budgets personnels, en la réduisant à l'examen et à l'autorisation des questions d'engagement et d'aliénation du fonds même de leur patrimoine ;

4º Dans l'extension de l'action administrative des juges de paix comme présidents nés des conseils cantonaux, des comices agricoles et des créations cantonales non administratives des centres de réunion, d'assistance, d'association, ou d'initiative relatifs aux intérêts généraux du canton.

5º Dans la transformation des préfets et sous-préfets, agents politiques du gouvernement central, en administrateurs à poste fixe principalement occupés de l'administration de leur département et de la gérance des intérêts départementaux avec le concours et sous la direction des conseils généraux ;

6° Enfin, dans la création aussi complète que possible d'un bon système d'assistance et de police publiques, confié, quant à l'assistance, au zèle des municipalités et des citoyens se constituant en associations pour donner la main aux efforts et à l'action de leurs autorités municipales, et quant à la police, à la direction unique d'un ministère central dont les agents cantonaux et communaux seront nommés au concours ou au choix sur présentation par l'autorité judiciaire de l'arrondissement, et les agents supérieurs départementaux par les cours d'appel, — le tout avec simplification générale des administrations et des bureaux, suppression des sinécures et réforme entière du tarif des appointements trop élevés pour les fonctionnaires supérieurs, trop bas pour ceux des grades inférieurs.

IV. — Pour ce qui est de l'organisation de l'armée territoriale et de l'armée en général, elle demande à être rendue plus complète : 1° par la création immédiate des cadres composés d'anciens officiers, sous-officiers ou soldats en retraite et leur installation immédiate aussi au chef-lieu d'arrondissement pour le régiment, au chef-lieu de canton pour le bataillon, dans la commune par compagnie de 500 ou 1,000 hommes, dans le hameau ou la section de commune par peloton de 100 ou 200 hommes, commandés par un lieutenant, un sous-lieutenant, deux sergents et quatre caporaux instructeurs, en même temps maîtres d'escrime, d'équitation, de natation et de gymnastique obligatoire pour tous les jeunes gens âgés de plus de dix ans ; 2° par l'armement aussi prompt que possible de tous les éléments de cette armée au moyen d'uniformes et d'armes déposées sous la responsabilité des municipalités et des communes dans les magasins de chacune de celles-ci en dehors du temps des exercices obligatoires trois fois la semaine au moins ; 3° par l'attribution à l'armée territoriale et le versement à y faire de tous les jeunes gens de 20 à 35 ans qui ne feront pas partie de l'armée active et de tous ceux qui sortiront de cette armée après y avoir fait leur temps de service obligatoire, sauf à les former dans leurs communes respectives en bataillons, escadrons ou batteries spéciales de réserve ; 4° par la formation immédiate des régiments de marche de l'armée territoriale par ordre de numéros de séries dans chaque province, de manière que ses cadres servent constamment de dépôt et qu'elle puisse fournir instantanément à l'armée active tous les renforts en hommes équipés et armés dont elle peut avoir besoin ; 5° par la formation, à la suite de chaque régiment, de corps d'élèves officiers et sous-officiers destinés à remplacer les vides des cadres et à former aussitôt ceux de l'armée territoriale de marche en cas de guerre ou d'invasion ; 6° par la formation aussi prompte que possible de cette armée en divisions territoriales dont les numéros régimentaires coïncideront avec ceux des régiments de l'armée active qu'ils sont appelés à compléter en cas de guerre ou à alimenter ou remplacer ; 7° par la suppression de la grosse cavalerie et de la cavalerie légère, la réduction des contingents de cette arme à 60,000 hommes au plus pour l'armée active, et leur conversion en régiments uniformes à la tenue et l'armement des chasseurs d'Afrique, ayant, par régiment de 2,000 hommes, un escadron de lanciers, etc.

V. — Pour les rapports de l'Eglise avec l'Etat, s'il est essentiel de proclamer à nouveau le principe de la liberté des cultes reconnus et de la liberté de conscience, il est tout aussi essentiel, en face des efforts de l'athéisme démagogique et scientifique aboutissant au matérialisme le plus immonde et aux tentatives d'établissement du despotisme le plus féroce et le plus sanguinaire de la basse populace, de proclamer en même temps la croyance en Dieu et en son souverain domaine sur les hommes, et la nécessité d'un culte de la religion, de ne reconnaître comme religion à culte public dans la France continentale que le christianisme judaïque avec tolérance du mahométisme dans les colonies où il était implanté au moment de la conquête, de reconnaître à nouveau que la religion catholique est surtout celle de la France et de la majorité des Français, et de refaire entièrement le concordat dirigé tout entier contre le catholicisme et la liberté des cultes reconnus, en s'entendant en outre avec le Saint-Siége et les chefs des religions chrétiennes et du judaïsme pour refaire entièrement la loi de leurs rapports avec l'Etat.

Les conséquences législatives de la réforme à faire et du progrès à opérer par ce terrain seront :

1° La publicité entière et libre des cultes reconnus et l'abolition de l'article 45 du concordat qui limite sous ce rapport l'exercice extérieur du culte catholique, contrairement à cette liberté que tant de républicains préconisent sans l'appliquer également à tout et à tous ;

2° L'indépendance des Eglises, quant à la nomination de leur clergé, qui devra se faire par voie d'élection ou de présentation de la part du clergé de chaque diocèse avec institution canonique du Saint-Siége pour ce qui est des évêques et du culte catholique, et choix par les évêques pour ce qui est du clergé placé au-dessous d'eux dans la hiérarchie catholique, tandis que la nomination des pasteurs des cultes dissidents et celle des rabbins se ferait suivant les règles dont chaque Eglise proposerait l'acceptation au gouvernement ;

3° L'abolition de l'interdiction de la possession des biens de main-morte pour les églises, établissements d'instruction, d'assistance, religieux ou monastiques, mais avec l'obligation corrélative pour les Eglises de reprendre successivement à leur charge les frais du culte et de l'entretien de leurs ministres respectifs au moyen d'un régime de transition pendant lequel le salariat serait provisoirement conservé sous la surveillance des conseils généraux, contrôlant et arrêtant les budgets des conseils des fabriques, la fortune, les revenus et les charges de chaque église annuellement évaluées par eux, après restitution des biens et édifices appartenant aux cultes encore existants et la réduction du salariat faite annuellement en progression de l'excédant des revenus sur les dépenses nécessaires ;

4º Le rétablissement des juridictions ecclésiastiques sur leurs clergés respectifs, et, en outre, dans l'Eglise catholique sur les fidèles mariés religieusement, pour tout ce qui concerne les questions de validité des mariages, et de séparation de corps, mais sous le régime et par application des règles de la loi civile, les registres de l'état-civil restant aux mains des autorités municipales, et les tribunaux civils restant compétents pour la décision des mêmes conditions entre non-catholiques, ou dissidents et catholiques non mariés par un prêtre catholique, ou catholiques non unis par le mariage religieux ;

5º L'observation générale du dimanche par l'interdiction de tout travail et commerce publics, chacun restant libre de faire chez lui et en son particulier ce qui lui paraîtra convenable, et, sauf les cas de nécessité dont les autorités municipales de chaque commune reconnaîtront l'urgence, en couvrant l'exception à la règle de leur autorisation particulière après s'être entendus avec les ministres des cultes ;

6º La représentation spéciale des clergés au Sénat et à l'Assemblée nationale par quelques-uns de leurs représentants nommés entre eux à l'élection, mais sans immixtion possible dans les fonctions gouvernementales ou de direction politique ;

7º La limitation des établissements de boisson et la suppression de tous ceux qui n'ont pour but ou pour objet que la prostitution tolérée ou autorisée, etc.

VI. — En ce qui se rapporte à l'école, tout est à y refaire : organisation, méthodes d'instruction, programmes : Il faut venir en France pour y voir un système aussi irrationnel d'instruction que celui qui y est mis en pratique, aussi contraire à la nature de l'intelligence humaine et aux conditions de son développement progressif qui s'opère d'abord par l'extension de la mémoire, puis par la venue de la raison, puis seulement par le sentiment artistique du goût, chez les enfants chez qui il n'a pas été flétri de bonne heure par l'ennui et la fatigue inutile et inintelligente des études de grammaire commencées trop tôt à une époque où l'enfant n'en comprend encore ni le besoin, ni l'utilité et s'en rebute trop facilement.

Le premier principe à poser pour l'organisation de l'école paraît devoir être tout d'abord celui de la liberté d'enseignement, la réduction aussi étendue que possible du droit et du fait de l'immixtion de l'Etat dans cet agent essentiel de l'éducation de la jeunesse, et la proclamation dě la règle de la confessionnalité des écoles publiques dans tout l'ordre des établissements d'instruction primaire et secondaire, créés sous la direction unique des Conseils généraux, les premiers dans chaque commune, les seconds partout où besoin sera dans chaque département, sans concours d'action ou de subvention et sans surveillance ni contrôle de l'Etat.

Le second sera celui de l'obligation d'un certain degré d'instruction élémentaire pour chaque enfant, sous le couvert d'examens à lui faire passer dans sa commune à des âges divers, quelle que soit l'école qu'il ait suivie, et d'encouragement à donner par les caisses municipales ou départementales à ceux qui se seront distingués dans leurs études ou par leurs connaissances ou montreront des aptitudes hors ligne.

Le troisième, celui de la modification des programmes, qui fera de l'étude de la science religieuse et des sciences historiques, linguistiques et naturelles le point de départ de l'instruction, en même temps que les habitudes religieuses et morales maintenues, exercées et surveillées à l'école par les maîtres viendront donner la main aux efforts obligatoires des familles pour la bonne éducation et la formation morale de leurs enfants.

Ces règles théoriques pourront se traduire dans la pratique :

1º Par la suppression du régime universitaire existant et son remplacement, en ce qui concerne l'instruction supérieure, par de grandes universités provinciales comprenant chacune le cercle complet des études scientifiques, même les facultés et cours‫ de théologie, sans toucher aux séminaires 'épiscopaux ou aux établissements ecclésiastiques des divers cultes, et en proclamant le droit de libre concurrence pour la création d'établissements d'instruction similaires, tant que leur enseignement ne portera pas atteinte à la théorie des principes sociaux reconnus et proclamés par l'Etat ;

2° Par la remise aux Conseils généraux et aux départements de tout droit d'organisation des lycées, colléges et écoles primaires départementales, avec mise de leur entretien à la charge des budgets départementaux et communaux, sous la condition qu'il y aura au moins une école de filles et une de garçons par commune et sauf le droit de chaque municipalité d'ériger en outre à ses frais dans chaque commune, tel établissement d'instruction ou d'éducation qu'elle jugera convenable, de l'avis de son conseil et avec la sanction de l'assemblée générale de la commune ;

3° Par la création dans chaque commune et au département ou au canton d'un fonds spécial d'assistance destiné à favoriser les études et les progrès de tous les jeunes gens d'élite qui auront fait preuve d'aptitudes transcendantes ou d'un génie particulier dans une branche quelconque, quand ils n'auront pas de fortune et que leur conduite répondra d'ailleurs à l'espoir d'avenir qu'aura donné le développement de leur intelligence.

VII. — La réforme économique et financière de son côté doit se traduire :

1° Par la tendance de la législation à favoriser surtout les entreprises agricoles, maritimes et coloniales et leur crédit, en entravant au contraire les développements excessifs de notre industrie et surtout des industries qui desservent exclusivement le luxe inutile et démoralisateur ;

2° Par la création d'établissements publics de crédit agricole et maritime chirographaire réunis ou liés à la Banque de France, et par l'entremise de l'action de ce premier établissement financier de notre pays ;

3° Par l'interdiction absolue des jeux de bourse et des opérations de bourse ou de spéculations financières autrement qu'au comptant ;

4° Par l'établissement aux mains de l'Etat de l'impôt direct des assurances mobilières et immobilières contre l'incendie, le rachat immédiat des chemins de fer et celui des offices, ou au moins du notariat transformé en administration rattachée à la régie de l'enregistrement avec enregistrement obligatoire de toute convention ou engagement dépassant 300 francs ;

5° Par la création d'impôts sur le luxe, les hôtels privés, les maisons de campagne, les jardins, les chiens, les chevaux, les laquais, les voitures, les forêts particulières, les bijoux, les pierres, l'orfévrerie, les vins fins, les alcools, le gibier, le poisson des gourmets, les huîtres, les loyers dépassant un certain taux de revenu, les titres financiers étrangers ou français, etc., en les combinant avec la suppression des impôts et octrois sur les objets destinés à la consommation ordinaire et commune ;

6° Enfin par la réalisation dans les lois de finance et dans les traités de commerce de ce double principe économique.

a Que l'impôt, qui doit être en proportion avec la fortune et les besoins de chaque citoyen, doit autant que possible sortir de la dépense nécessaire même de chaque individu et de chaque ménage, mais frapper plus particulièrement la consommation, la propriété et le revenu des riches pour être réellement proportionnel, et, partant, égalitaire.

b Qu'il importe de dégrever autant que possible d'impôts et de droits tous objets d'importation dont la nation, sa consommation, son industrie, son commerce ont besoin pour l'existence ou le développement de ceux-ci, ou pour leur consommation ordinaire et habituelle au plus bas prix possible, eu égard au prix de revient fait au producteur national augmenté de son bénéfice légitime et des frais accessoires du commerce et de frapper à l'exportation tous les articles qu'elle produit abondamment ou dont elle a le monopole commercial ou industriel.

Tel serait, Monsieur, le programme à grands traits des réformes et des créations que nécessiterait, à mon avis, la reconstitution de nos institutions sur des bases plus solides dans l'ordre constitutionnel général.

Mais cette organisation du régime politique intérieur serait évidemment à compléter par les lois organiques complémentaires des droits et devoirs du citoyen, celles sur la presse, la liberté individuelle, le droit de réunion, le droit d'association.

VIII. — Pour ce qui est de la presse, il me semble qu'il y a deux parts à faire, l'une pour la presse politique, le journalisme quotidien, puis pour la revue, ou le livre politique ou traitant de politique ou d'économie sociale, ou politique d'histoire, de philosophie ou de religion, l'autre pour la presse non politique ou purement littéraire.

Quant à celle-ci, mon parti serait tout pris, si j'étais gouvernement : je me bornerais à en déférer chaque publication à des comités locaux et cantonaux composés uniquement de particuliers, non fonctionnaires politiques, et leur donnerais le droit d'autoriser ou de refuser dans leur ressort respectif et à charge d'appel en dernier ressort à une commission académique pour la province ou le département la publication et la vente de tout ouvrage non politique qui leur paraîtrait contraire aux principes sociaux, à la morale ou au bon goût, avec faculté d'inspection des magasins de toute librairie, l'autorisation exclusive du colportage et de contrôle de ses inventaires obligatoires de vente.

Pour ce qui serait des revues et livres politiques non périodiques, il faudrait, je pense, les soumettre à l'examen et à l'autorisation de la commission provinciale ci-avant mentionnée, composée également d'éléments privés non fonctionnaires, sauf appel à une commission supérieure établie à Paris, et pour le journalisme le renvoyer tout simplement à la juridiction des délits de droit commun, celle de la police correctionnelle en cas d'infraction aux lois en lui permettant de tout dire et de tout attaquer, mais à la charge de tout prouver et justifier de ce qu'il écrit et en rendant chaque journal et chaque écrivain directement responsable de ses allégations, de ses écrits et des infractions qu'il commettrait à la loi morale ou aux détails de la loi sur la presse politique.

Tel est, à mon sens, la réglementation nécessaire, indispensable qu'il convient d'imposer aujourd'hui à la presse au point d'avilissement, d'ignorance, de dégradation, de mercantilisme où elle est tombée à notre époque. Il serait indispensable, en outre, de maintenir, comme sanction à cette législation nouvelle, les cautionnements à taux suffisant pour répondre des condamnations possibles, l'obligation du dépôt des journaux aux parquets des tribunaux et aux municipalités du lieu de leur publication première, le droit de suppression ou de suspension par voie de décision judiciaire, et celui d'interdiction de publication politique en vertu de jugements de la même autorité en cas de récidives successives, et toutes les conséquences des condamnations correctionnelles, tout en réduisant le timbre des journaux quotidiens.

IX. — En matière de liberté individuelle, il faut décider souverainement qu'en matière de délit aucun individu domicilié, à domicile connu, et inscrit sur la liste électorale ne pourra être arrêté et détenu préventivement, que dans les mêmes conditions de domicile, le cautionnement pour la mise en liberté provisoire sera le droit commun, en cas de crime, jusqu'à décision contraire du tribunal de première instance délibérant en chambre du conseil, à charge d'appel à la chambre des mises en accusation; que toute arrestation opérée devra toujours être vérifiée au préalable par le juge de paix de chaque canton, qui délivrera le premier mandat de dépôt; enfin, que hors les cas de flagrant délit, d'appel de l'intérieur ou de nécessité publique, la demeure de tout individu est inviolable pendant la nuit, sauf les règles existantes pour les demeures qualifiées de lieux publics.

X. — Le droit de réunion qu'il convient de déclarer libre, doit cependant, de son côté, être subordonné à la nécessité d'une déclaration à faire à l'autorité judiciaire et aux municipalités avec indication de l'objet et du lieu des réunions et de leur caractère public ou privé : Dans toute réunion publique, ou annoncée comme telle, il doit être du droit de l'autorité municipale, gouvernementale, judiciaire ou de la police d'y avoir un ou plusieurs agents publics et publiquement installés dans son enceinte pour le maintien du bon ordre et de l'observation des lois : Toute réunion politique ou ayant un but politique, si même elle se tient dans un lieu, un bâtiment, un appartement privé, et au moyen d'invitations personnelles à nombre limité d'assistants : — Toute réunion qui, politique par le fait ou par son but politique, n'aura pas accueilli dans son sein un agent public de l'autorité devra être qualifiée de réunion secrète et poursuivie dans ses membres devant les tribunaux répressifs, conformément aux lois pénales à faire sur la matière.

XI. — Enfin, le droit d'association semble devoir être illimité dans son exercice à la seule condition d'exister et d'être pratiqué publiquement, au grand soleil, à la vue et connaissance de tous, et, partant, de soumettre à la connaissance et vérification de l'autorité judiciaire aussi, par leur dépôt aux parquets, les statuts, règlements, conventions, et l'acte social de toute société existante ou à créer dans tout l'ordre politique ainsi que commercial, d'assistance, industriel, financier ou agricole, ou dans celui de l'assistance, de l'instruction ou de tout autre intérêt privé ou public, et l'exposé général de son but, et de ses moyens d'action, et l'indication de son siége social, de ses établissements et succursales, et des noms de ses fondateurs et principaux participants ; — sous peine d'être qualifiée de société secrète et traitée comme telle ; — et avec le droit corrélatif du ministère public de demander devant les tribunaux civils ou répressifs la nullité de tout acte de société qui serait contraire à la morale ou à l'intérêt social, et l'interdiction de toute société immorale dans son but ou dangereuse pour l'ordre public.

Tel est, à mon avis, le cadre du programme politique du nouveau gouvernement de la République et de l'idéal d'administration qu'il désire ou doit logiquement désirer de réaliser, le sens et dès lors la portée prochainement tentée et réalisable du changement récent des personnes au pouvoir.

I. — Est-ce faisable, est-ce bien, est-ce vrai, est-ce sincère?

Supposer que cela n'est ni vrai ni sincère, ce serait, je pense, supposer *a priori* que l'on se trouve, en ce qui est du gouvernement nouveau, en face seulement d'imbéciles ou de fripons, sans convictions ni principes, qui ne rêvent que la conquête du pouvoir et des places, le retour de la monarchie quand même, et à qui l'expérience et l'histoire du passé n'ont absolument rien appris. Est-ce là de l'appréciation juste, vraie, saine, possible? On peut le demander à la raison de tout honnête homme non passionné. — Car le premier principe de toute appréciation juste, c'est l'estime égale et charitable, et non le mépris, le dédain et le dénigrement systématique, irréfléchi et préconçu de ses adversaires qui ne prouve que la légèreté, l'ignorance, l'inexpérience et ce crétinisme de l'esprit, que l'on rencontre malheureusement si souvent aujourd'hui dans notre monde français, notamment dans le monde parisien et son journalisme.

Quel est le sot qui va aller s'imaginer à l'heure qu'il est que le gouvernement nouveau, sans égard pour l'expérience ancienne et les intérêts de la nation, et le propre intérêt d'unité et de majorité de la majorité qui l'a porté au pouvoir, va aller s'amuser et ne songer qu'à se dissoudre lui-même, se diviser et s'affaiblir, en s'occupant avant tout de ressusciter et de réédifier au gouvernement une forme monarchique qui commencerait par faire naître la guerre civile en France, par les diviser eux-mêmes, et ne ferait que l'affaire de leurs adversaires politiques en même temps que de l'ennemi extérieur?

Que le *Times*, le journal du mercantilisme, du piétisme

anglais, et de la société des Bibles protestantes zélées distribuées et montées contre Rome, fasse semblant de croire à de pareilles choses et à la chute prochaine du nouveau gouvernement français catholique ; que le *Temps*, l'organe de l'orléanisme protestant de France, que son séide et correspondant le *Journal de Lyon*, sous la main de M. Schnéegans, l'ancien et très-habile rédacteur du *Courrier du Bas-Rhin*, alsacien et français, de cet antique *Journal de Saint-Thomas* et du protestantisme luthérien en France, que les moutons de Panurge de la presse démocratique des départements ou les avaleurs de sabres de la presse radicale de Paris et de la province pensent et disent des choses de cette force-là, ou les disent sans les penser ni y croire, cela n'a rien d'étonnant.

Qui dira ou croira qu'elles soient la vérité ?

II. — Est-il réellement dans les intentions du gouvernement nouveau, ce programme de l'alliance du catholicisme avec la démocratie républicaine ?

Du moment qu'il faut admettre, à moins d'un scepticisme ou d'une méfiance qui dépasseraient toutes les bornes, que le gouvernement actuel ne songe pas, ne peut pas, sous peine de mort et de déchéance, songer à une restauration monarchique, que veut-on qu'il fasse pour justifier sa présence et son passage au pouvoir, sinon de songer à créer, au moins des institutions en rapport avec ses principes politiques, les principes catholiques, et de songer dans tous les cas à créer d'abord les institutions, puisque, quoi qu'il advienne, elles fonderont quelque chose dans le pays et fortifieront ses croyances dans toutes les éventualités, alors même qu'il aurait d'autres espérances et qu'il songerait uniquement à préparer les voies à leur réalisation ?

Mais, dira-t-on, le parti qui est au pouvoir pourra peut-être bien songer à créer des institutions catholiques, songera-t-il également à rester dans la république et à s'attacher à la démocratie, à la reconnaître, à faire alliance avec elle, à lui donner part dans ce qu'il veut faire et refaire dans les institutions ?

Mais, pour Dieu, soyons donc de bon compte et de bonne foi! Comment voulez-vous qu'il fasse autrement, quand même il ne voudrait pas? Est-ce que la vérité de l'histoire et de l'expérience ne l'étreint pas, comme tous les gouvernements actuels possibles en France? Est-ce que le passé se détruit, se refait et se remonte? Est-ce que le génie d'un peuple au point de sa vie politique, de sa croissance ou décadence (et nous sommes en décadence), se transforme à la baguette du jour au lendemain?

Est-ce qu'un pouvoir, un gouvernement, une puissance humaine quelconque au monde peuvent lutter contre l'empire et l'influence d'une situation quelconque, quand cette situation est le résultat nécessaire, forcé, collectif, de la vie et action d'un peuple pendant 1400 ans, de sa décadence ou de son progrès moral, intellectuel et politique, de ses mœurs, de ses souvenirs, de sa législation, de son esprit, de ses habitudes, de ses écoles et enseignements quotidiens et de tous les instants de sa vie publique, privée et sociale, de ce qu'il lui reste d'institutions, des influences qui la prédominent, en un mot de tout ce qui est, forme, conserve, modifie ou défait actuellement son caractère?

Non, cela n'est pas possible, je vais plus loin, cela n'est ni possible, ni tentable, ni même permis, surtout pour des catholiques qui croient à l'action de Dieu dans les choses humaines, individuelles ou nationales et générales.

Dieu a permis qu'au contraire de l'Eglise qui a commencé par la démocratie et finit par la théocratie ou monarchie absolue, afin d'être sans cesse en contradiction avec le monde, et de le fortifier, régler, compléter et sauver par sa contradiction d'idées, de vues et d'institutions, la démocratie s'implantât en France sous le masque, le nom, les vertus, les héroïsmes et les crimes, la raison et la folie, les démolitions, les théories et les créations d'une révolution immense, sociale, religieuse, économique, scientifique, politique, philosophe, financière.

Cette révolution et cette démocratie, infâmes dans ce

qu'elles ont d'humain, d'anti-religieux, de destructeur des croyances et de la vraie liberté, l'égalité et la justice, d'édificateur pour le despotisme et le terrorisme, ont des principes divins et magnifiques de vérité et de justice empruntés par elles aux sources mêmes du christianisme et du catholicisme, et qui ne sont que la réalisation stricte en politique de la parole et de l'enseignement du Christ : — « Aimez-vous les uns les autres. — Vous êtes tous frères. » — Ne vous appelez ni maîtres, ni docteurs ; car vous » n'avez qu'un maître et qu'un père qui est aux cieux. — » Heureux les pauvres d'esprit. — Heureux ceux qui pleu- » rent, les pauvres. — Heureux les pacifiques. — Heureux » ceux qui pardonnent et font miséricorde. — Heureux ceux » qui sont doux. — Heureux ceux qui ont le zèle de la jus- » tice, qui souffrent persécution pour la justice.— Heureux » les pauvres, les humbles, les petits. — Rendez à César » ce qui est à César et à Dieu ce qui est à Dieu. — Faites à » chacun ce que vous voudriez qu'il vous fît. » - - Voilà les vrais principes de la démocratie, de l'amour des hommes et de la justice, de l'égalité et de la fraternité, du respect de Dieu, de l'autorité et de la liberté, de la vraie pratique de la vraie charité. — Et l'on voudrait que les plus éminents des catholiques de France arrivés au pouvoir puissent les oublier ! Et l'on voudrait supposer qu'ils sont assez fourbes, faibles ou malhonnêtes pour vouloir ou arriver à les méconnaître ! Ou assez stupides et imbéciles pour ne pas savoir apprécier leur temps, la situation, l'histoire antérieure, les expériences faites, les possibilités et les impossibilités, les nécessités politiques du moment actuel ! Est-ce juste ? est-ce logique ? est-ce prudent et sage et pour qui les prend-on ?

Non, non, ne craignez rien, ô vous tous qui aimez la patrie : faites cesser des défiances aussi injustes que malheureuses et l'on verra bientôt l'union se faire, le bien se créer, les institutions se fonder, les partis se dissoudre et confondre en un seul, la prospérité et la confiance grandir, la France reprendre son rang, sa prépondérance glorieuse et ses limites nécessaires, la démocratie bien ordonnée et régie, faire la conquête paisible du monde, et l'alliance pacifique des peuples, au moins de l'Europe, succéder pour quelque temps aussi au moins, à l'état de guerre perpétuelle, aux ambitions et projets de conquêtes surannées, aux armements ruineux, à ces jalousies et défiances mutuelles qui tiennent les peuples sans cesse armés et en éveil les uns contre les autres et prêts sans cesse aussi à s'entre-dévorer.

III. — Mais est-ce faisable, est-ce réalisable, ce très-beau programme de cette paix, de cette entente, de cette union, de cette démocratie catholique?

Oui, certes, si on le veut, si on le veut bien, si l'on y consent, y donne les mains, y aide, n'aide pas au contraire à empêcher, ruiner, détruire, mettre des bâtons dans les roues, si la République, en un mot, ne signifie plus que démocratie constitutionnelle réglementée par les lois, régime de la liberté réglée et contenue par les lois et de la loi égale pour tous, — et ne signifie plus démagogie autoritaire et despotique, Convention, Commune de Paris, régime de 93, terreur et drapeau rouge et guillotine, massacres de septembre, abolition du catholicisme, Paris, capitale, exploitant et absorbant la France à son profit, culte et religion de la Raison, socialisme et communisme immoraux, dégradants et désordonnés, antisociaux, naturalisme, indépendance absolue, science naturelle préconisatrice et adoratrice du singe comme père de l'homme, en attendant qu'elle adore le serpent, le dieu du nègre, le croissant et la queue de Mahomet et de l'Islam qu'elle adore déjà dans la lubricité, la luxure, la polygamie ou divorce autorisé, l'adultère, le mariage des prêtres et le concubinage, — internationale au profit d'une classe, d'une secte, d'une école philosophique, religieuse, antireligieuse ou gouvernementale, ou d'une école d'Etat et l'instruction obligatoire dans l'école de l'Etat, qui n'est qu'un despotisme déguisé, celui du génie du grand Napoléon et du conquérant prussien, Sa Majesté Frédéric II, dit le Grand, et son autre Majesté Monsieur de Bismarck, — dit le Glorieux. —

IV. — Vous le voyez bien, Monsieur, cela est faisable et n'est déjà pas si difficile : Il suffirait de le vouloir un peu, et c'est vous et les républicains qui doivent le vouloir d'abord maintenant.

Est-ce que vraiment la République serait ou doit être autre chose que le régime politique généreux, élevé, admirablement idéal de l'organisation complète de la démocratie sur la base de la justice, du respect du droit de tous et de la vraie liberté protégée par les lois ? serait-il vrai par hasard qu'elle n'est ou serait au fond que l'arme de guerre politique de l'athéisme, du déisme philosophique, du rationalisme matérialiste, ou du protestantisme spéculateur et diplomatique, du paganisme ressuscité en un mot sous des formes diverses, la bête aux sept têtes et aux dix cornes dont parle l'Apocalypse, contre le catholicisme et sa si visible, splendide et immuable église et vérité ?

Il est impossible à tout Français et catholique d'admettre un instant une pareille monstruosité à la charge d'hommes honnêtes, vertueux, sincères, moraux et sincèrement patriotes.

Si cela était et pouvait être un moment, il faudrait supposer qu'il y a derrière un pareil antagonisme, destructeur à jamais de l'ordre, de l'unité, de l'histoire et de la gloire première et véritable de notre Patrie française, quelque immense erreur ou malentendu, — quelque énorme fait d'ignorance, de légèreté, de défaut de réflexion, de connaissances et d'études, trop commun chez nous, — quelque passion de cette colossale promptitude, impatience et légèreté d'esprit, vivacité et présomption d'imagination que l'on nous reproche à tant de titres et si souvent, et qui fait bien vraiment une grande partie du fond intelligent de notre caractère national,—quelque susceptibilité capitale, manque d'entente, ou fausse honte à se rencontrer et s'expliquer ouvertement et carrément les uns aux autres — peut-être quelque main hostile étrangère, heureuse de nos divisions et ne s'occupant que de les attiser et entretenir par elle, ses agents directs, ou ses adhérents plus ou moins conscients en politique et religion.

V. — Mais que l'on ne s'y trompe pas non plus ; si l'antagoniste averti persiste à subsister, s'il ne fait pas à l'amour de la France et de l'union les sacrifices prompts, nécessaires, complets et pacifiques qu'il est dans la stricte obligation de faire, si, loin de songer à aider le pouvoir, il ne pense qu'à le renverser, entraver et supplanter, le bien ne se fera pas peut-être, ni l'union, mais il sera constaté malheureusement une fois de plus qu'il y a dans le monde, en Europe, en France, deux principes opposés, hostiles, ennemis, toujours en lutte nécessaire, irréconciliables, et dont l'un doit nécessairement radicalement vaincre, annihiler, au besoin supprimer, anéantir, exterminer l'autre par toutes les voies permises et légitimes, et alors c'est, ce sera la guerre, la guerre éternelle entre eux, la guerre partout et toujours, la guerre à l'intérieur entre les partis, la guerre à l'extérieur entre les nations, les peuples et les races, la guerre entre les religions et les croyances ou leur négation qui est au fond de toutes les autres, la guerre pour des provinces, des limites, des territoires à voler, de l'argent à filouter ou extorquer, la guerre à outrance, universelle, sans trêve ni repos, la guerre qui veut du sang humain à flots et qui ne cessera que quand il n'y aura plus moyen d'en répandre et que le dernier homme vivant sur la terre aura été détruit.

VI. — Voilà, Monsieur, à mon très-humble avis, où nous en sommes, quel est le sens de ce qui vient de se passer, la situation actuelle, les deux solutions qui s'offrent pour lui donner une suite pacifique, glorieuse et belle, ou sanglante, bien redoutable, impossible à prévoir dans ses effets, ses moyens, son histoire, ses résultats.

Il paraît dès lors indubitable que même à tout hasard c'est la solution de l'entente cordiale et de l'union des partis dans la démocratie et dans le concours donné au gouvernement sans suspicions ni parti pris hostile, tant qu'il restera dans la démocratie constitutionnelle et dans la liberté, celle religieuse largement comprise, qu'il faut préférer et en tous cas exiger, et vous voyez bien dès lors qu'elle est impossible si de leur côté les républicains, fermes, immuables, dans leurs principes de justice et en demandant à bon droit l'application légitime à leurs adversaires prétendus du moment, ne s'avisent pas de leur côté à examiner, voir, juger, respecter, s'approprier ce qu'il y a de vrai dans les croyances historiques et politico-religieuses de ceux-ci, — qu'il faut dès lors qu'il prennent, convaincus par l'étude et la science, par la conviction personnelle acquise après un examen profond, consciencieux et réfléchi que le catholicisme pas plus que son histoire ne redoutent le ferme et patriotique parti de ne plus faire de la république l'épouvantail, l'arme, le gouvernement de combat, l'antagoniste violent et ennemi de l'Eglise, de la religion catholique opprimée et proscrite à toutes les époques d'arrivée au pouvoir du régime républicain, et obligée de donner de son sang et de celui de ses ministres ou enfants à chaque nouveau triomphe ou essai de pouvoir de la démocratie transformée bien vite en démagogie, comme le disent si tristement, mais si certainement, septembre 1790, 1793, 1848 et 1871 et l'assassinat presque successif des trois archevêques de Paris : — et qu'ayant pris cette résolution, ils s'appliquent à la réaliser au plus tôt en provoquant au besoin cette explication intime et confidentielle avec le gouvernement, dont il a déjà été question ici, sur ses vues, ses principes, ses projets, ses tendances et les moyens d'arriver à l'entente cordiale et commune pour le salut de Patrie.

VII. — Y a-t-il à ceci un obstacle à prévoir, quelque chose qui puisse l'empêcher de se faire ?

Hélas ! oui : il faut bien aussi le reconnaître, et, en première ligne, la défiance, l'incurable défiance, la défiance inintelligente, irraisonnée, non appuyée sur l'examen profond, complet, consciencieux de ce que l'on craint ou redoute · en deuxième lieu, le préjugé acquis, l'habitude d'esprit reçue avec la tradition et l'éducation moderne, l'on dirait mieux l'absence d'éducation moderne, le jugement superficiel des gogos, des hâbleurs, des gens légers et prompts à juger à vue de nez et de pays ; — en troisième lieu, l'amour-propre, la paresse de l'esprit, l'orgueil de l'esprit qui n'aime pas à modifier ce qu'il croit être des vues, des convictions certaines, des principes positifs de sa propre raison et conception sans presque jamais savoir ou pouvoir se rendre compte de leur point de départ, de leur formation dans l'intelligence ou les sentiments, ou de leur *criterium* de certitude ou de vérité absolue ; — en quatrième lieu, l'ambition que l'on se cache ou qui se cache si souvent à soi-même sous le masque du devoir, de la vertu, du patriotisme.

Tous ces mobiles d'obstacles à prévoir se résument en un seul mot :

a La crainte, quelquefois la haine du catholicisme, de ses principes, de Dieu dont il enseigne et défend et maintient la parole, la loi, le droit et la royauté souveraine sur le monde matériel, aussi bien que le spirituel ;

b La défiance, souvent la haine et le mépris de son clergé, la crainte de l'influence prédominante de celui-ci :

Que le clergé, comme corps politique dans l'ancienne constitution nationale de la France ait eu avec l'ordre de la noblesse une place, une influence trop grande et trop prépondérante, — que le régime des priviléges féodaux territoriaux, personnels, censitaires et autres de ces deux corps dans l'Etat, n'ait pas réalisé l'idéal d'une bonne organisation de l'Etat et s'en soit même beaucoup éloigné ; — que, sans être inique dans son principe et sa création (puisqu'il existait et était en quelque sorte comme la compensation des charges et obligations que ces deux ordres portaient presque seuls avec tout leur poids dans la défense, l'enseignement, l'assistance, la prépondérance et l'expansion de chaque Etat et de sa politique au dehors), il le soit devenu par les abus et par la fin du régime politique qui l'avait fait établir ou permis ; — qu'il y ait eu énormément de légitime dans le splendide sacrifice que les deux ordres enthousiasmés en ont fait en commun dans la fameuse nuit du 4 août 1789 ; — que la royauté, la noblesse, le clergé aient eu individuellement bien des fautes, des crimes, des désordres, des hontes, des abus, une trop grande richesse, mollesse et sensualité à se reprocher et à expier par la volonté de la Providence dans le sang de la guillotine de 1793 et dans le dépouillement de biens souvent mal employés ou principalement dissipés hors du service de Dieu, afin de retrouver quelque chose de l'esprit premier et des principes fondamentaux d'humilité, de souffrance, de pauvreté, de justice, de patience, du christianisme, et s'y retremper dans l'égalité, la dépendance, la charité à exercer sous d'autres formes et dans d'autres conditions, pour prouver d'autant mieux l'universalité du génie et de l'esprit de l'Eglise et de sa doctrine, — qui dira le contraire et voudra à ce point mentir à l'histoire et à la vérité ?

Mais qui ne le comprendra et l'excusera ? C'étaient des sociétés d'hommes et des hommes, malgré la perfection des principes de la religion dont ils portaient le signe et la croyance et sa sainteté originelle, et personne ne trouvera surprenant, connaissant l'espèce humaine, qu'ils aient aussi failli ou se soient ou aient été trompés, ou soient tombés, déchus, salis dans la fange du vice quelquefois, condamnés précisément alors les premiers par ces mêmes principes du catholicisme dont ils auraient dû et en tout être toujours, s'ils n'avaient été des hommes, les apôtres, les modèles et les saints. — Et maintenant, parce qu'il y a eu des abus, des fautes, quelque chose d'excessif dans la prédominance de ces corps dans l'Etat, ira-t-on tout à coup à l'extrême, à l'excès contraire, et voudra-t-on les supprimer, les annihiler, leur empêcher et défendre toute action dans l'Etat, toute participation à ses institutions, à son fonctionnement? Qui ne pensera que la vérité est ici dans le juste milieu, dans un tempérament d'application, dans la modération?

Au surplus, ce n'est plus guère de cela qu'il s'agit aujourd'hui, ni même des principes moraux ou religieux du catholicisme, que tout le monde est généralement d'accord aujourd'hui pour louer et admirer tout haut, alors que la conduite individuelle et le vice du cœur sont d'accord pour s'y soustraire, les craindre, étouffer ou haïr généralement tout bas, mais que l'on prétend aussi souvent que les catholiques sont les seuls à ne pas appliquer ou que l'on travestit contre eux.

Le grand point de la défiance contre le clergé et contre le catholicisme, c'est ce que l'on appelle ses tendances autoritaires absolues, son ambition, son despotisme, son désir ou besoin excessif présupposé de domination sur tout et sur tous, son intolérance présumée aussi, la discipline et la puissance d'action de son si puissant organisme, son alliance avec Rome et la Papauté, et la crainte de l'absorption entière de l'Etat dans l'Eglise. —

Certes, qu'il y ait quelqu'expérience et leçon à tirer de l'histoire du passé au rapport des relations meilleures de l'Etat et de l'Eglise et de la forme d'existence et d'action dans l'organisme politique de l'Etat des deux anciens ordres de la noblesse et du clergé, c'est ce que personne ne voudra sagement mettre en doute :

Qu'ainsi il soit bon que le clergé comme corps politique reconnu se tienne et soit légalement tenu loin de l'exercice direct du pouvoir ; qu'il s'efface davantage, qu'il laisse plus aux laïques dont c'est plutôt la fonction, le soin, le souci, la gérance de l'Etat, de l'administration et du gouvernement, rien de mieux : Il a sa mission d'enseignement, de consolation, d'assistance, de charité, de juge spirituel et céleste.

Que d'un autre côté il soit désirable même que le clergé comme corps ou ordre, et que même ses membres comme individus se bornent et soient obligés de se borner dans l'action politique à leur rôle et droit individuel comme citoyens, qu'ils n'occupent point en dehors de la mission propre et spéciale de l'Eglise, des fonctions publiques de l'Etat ; qu'ils n'apparaissent dans ses assemblées ou conseils que comme individus ou représentants d'un ordre politique, et qu'ils ne puissent pas avoir d'entrée, d'influence ou d'action publique directe dans les fonctions gouvernementales proprement dites de l'exécutif, et ses conseils, pour que dans l'intérêt même de l'Eglise comme du pays, rien de personnel et aucune suspension plus ou moins légitime ne puisse venir atteindre l'action morale universelle de l'Eglise, et celle distincte, séparée, du gouvernement ; l'on peut aller jusque-là.

Ce ne sera en tout cas pas une raison pour brider le catholicisme dans l'exercice public de son culte, comme le fait l'article 45 du Concordat de l'an X, ou dans son enseignement en rendant l'enseignement obligatoire dans les écoles et d'après les livres, méthodes, professeurs et absence de principes d'éducation des écoles de l'Etat, et en supprimant la liberté de l'école : ce ne sera pas non plus un motif légitime pour ne pas appeler les chefs ou représentants du clergé au Sénat ou à l'Assemblée nationale et dans les Conseils généraux, d'arrondissement, de canton ou municipaux, et dans la gérance des bureaux de bienfaisance, hospices et comités de surveillance des écoles publiques, — ou pour ne pas donner au clergé inférieur le droit d'avoir dans les corps politiques ou administratifs de la nation une modeste représentation, — ou pour refuser aux chefs de l'Eglise l'exercice de leur droit de juridiction disciplinaire et de censure par le rétablissement de leurs tribunaux ecclésiastiques : — ni même d'aller jusqu'à déclarer que, pour les catholiques qui seront mariés devant le prêtre et auront ainsi fait acte de religion, le mariage sera indissoluble, le divorce prohibé absolument, et que la nullité ou invalidité du mariage et la séparation de corps dans ce cas du mariage religieux catholique ne pourront être appréciés, avec toute la législation particulière à leur droit canonique, et prononcés que par les tribunaux ecclésiastiques. — Ce ne sera enfin pas un motif (quand on proclamera la liberté d'existence et de fonctionnement de toute association publique et publiquement existante et déclarée à l'Etat, et en face, sous la protection et la police

générale de l'Etat, et en supprimant ainsi de plein droit
toutes les associations occultes ou secrètes qui ne voudront
pas vivre au grand jour de la publicité et de la société en
déclarant leur existence, leur nom et constitution, leur
raison d'être et leur but), — de refuser à l'Eglise catholique
le droit d'acquisition et de possession personnelle de biens,
celui d'exister comme personne morale, sans autorisation
préalable, dans la personne de ses évêques pour le diocèse,
de ses chapitres pour les cathédrales, de ses ordres, con-
grégations, couvents, hospices, maisons d'éducation, d'a-
sile ou de refuge, écoles ou séminaires, et de pouvoir pour
chacun d'eux, et par chacun d'eux acquérir, posséder
et conserver des biens et les gérer à sa guise, — sauf
à compter un jour avec elle pour l'entretien du culte,
de son école dont on dégrèvera le budget de la nation, du
département et de la commune, tout en lui restituant les
édifices, cimetières, presbytères et autres dépendances
nécessaires de ce genre encore existants comme propriétés
dans le domaine de la nation. —

Voilà ce qu'on pourra et devra peut-être faire et ne pas
faire en vertu même des principes de la démocratie et de la
liberté sage et égale pour tous, mais sans aller au-delà.

Est-ce qu'un pareil programme réalisé serait contraire
à ces principes? Serait-il susceptible de justifier et légiti-
mer ces craintes, cette défiance signalée ci-devant comme
le principal, le seul obstacle à l'entente cordiale, à cause de
la peur de l'imagination, de la peur du spectre du cléri-ca-
lisme, de la peur d'une ombre qu'un examen sérieux, des
vues arrêtées, une limite constitutionnelle ainsi posée et
définie, mais largement posée et avec générosité et confiance ferait aussitôt évanouir.

Cela ne paraît pas à penser un moment, et sans nier la
réalité de la puissance d'organisation de l'Eglise ni l'existence du danger possible, à cause de la faiblesse humaine
et de son naturel ambitieux, de voir quelques esprits ambitieux et impatients dans le clergé songer bientôt à dépasser
la limite constitutionnelle de ce programme légal accepté

par tous, je persiste à penser qu'il y aurait moyen de les brider et retenir dans des bornes convenables par l'action justement mesurée des lois, et à croire plus que jamais qu'une bonne explication catégorique, l'étude et l'examen préalable approfondi, l'entente qui en sera la suite, et de bonnes lois constitutionnelles dans le sens de l'autorité et de la liberté combinées, sont plus que jamais nécessaires et donneront seules à notre France ce qui lui est si désirable, l'unité, l'union, l'ordre, la force morale et matérielle, la véritable liberté que les hommes de toutes les opinions cherchent et doivent toujours chercher à acquérir et à réaliser, quoiqu'ils aient le malheur de différer sur le principe et l'emploi des moyens.

L'Eglise prétend que le moyen, c'est l'humilité de l'esprit et l'obéissance, la discipline, la confortation de l'autorité ; — la Démocratie, que c'est la liberté :

Ces deux termes sont-ils inconciliables ? Il est impossible de l'admettre à moins de désespérer de la race humaine et de l'avenir de notre pays.

La liberté est le but ; mais il faut qu'elle soit la justice et le droit et l'égalité pour tous et pour tous les principes vrais.

Voilà la seule solution à chercher et réaliser, ce semble, et je crois qu'il est dans les intentions générales du nouveau gouvernement de l'avoir en vue et de s'occuper uniquement, et principalement de la procurer à la France.

Tout bon citoyen ne peut donc que vous inviter, Monsieur, avec vos amis politiques, à faire un pas aussi dans le sens de l'union, de la concorde, du rapprochement des personnes et des idées, de la mise au service de la Patrie de tous vos talents avec un peu d'abnégation et de concessions mutuelles, et à chercher ainsi à sacrifier quelque chose à l'intérêt général, ne fût-ce que l'absolutisme des convictions et la croyance qu'il n'y a plus rien à apprendre du catholicisme, ni de bon à en obtenir.

J'espère, Monsieur, que le langage que je me permets de vous tenir, et qui certes doit être jugé désintéressé, puisque j'étais prisonnier politique des Prussiens à l'époque où je vous écrivais ces lignes, sera apprécié et accepté par tous dans sa véritable intention et que vous voudrez bien me faire l'honneur de croire que vous écrivant comme je me permets de le faire, je n'ai eu en vue de mon côté que l'amour de cette France qui nous tient tant au cœur, son bien-être, sa prospérité, sa force, sa gloire, et la réalisation prochaine des espérances que nous ne cessons de nourrir et fônder sur Elle d'y être bientôt et promptement réunis, — par la voie de la paix et de l'alliance générale des nations obligeant la Prusse à nous rendre justice et à restituer le bien mal acquis, — par la voie de la guerre, de la guerre sanglante, tonnante et furieuse, s'il n'y a plus d'autres moyens de rétablir la Justice, le Droit, et l'observation de cette Loi première et éternelle de Dieu : « Tu ne déroberas point. »

Citadelle de Strasbourg, ce 28 Mai 1873.

Reims, 15 Septembre, même année.

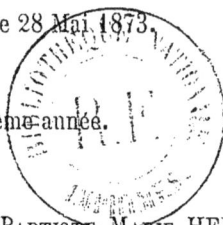

JEAN-BAPTISTE-MARIE HEINRICH-LAPORTE.

Ancien avocat du barreau d'Alsace.

Reims. — Imprimerie Matot-Braine.

www.ingramcontent.com/pod-product-compliance
Lightning Source LLC
Chambersburg PA
CBHW060744280326
41934CB00010B/2353